BEI GRIN MACHT SICH I
WISSEN BEZAHLT

- Wir veröffentlichen Ihre Hausarbeit,
  Bachelor- und Masterarbeit

- Ihr eigenes eBook und Buch -
  weltweit in allen wichtigen Shops

- Verdienen Sie an jedem Verkauf

Jetzt bei www.GRIN.com hochladen
und kostenlos publizieren

Suher Ghoniem

IT-Sicherheit im Bereich des Smart Metering

GRIN Verlag

Bibliografische Information der Deutschen Nationalbibliothek:

Die Deutsche Bibliothek verzeichnet diese Publikation in der Deutschen National-
bibliografie; detaillierte bibliografische Daten sind im Internet über http://dnb.d-
nb.de/ abrufbar.

Impressum:

Copyright © 2014 GRIN Verlag GmbH
Druck und Bindung: Books on Demand GmbH, Norderstedt Germany
ISBN: 978-3-656-63224-5

Dieses Buch bei GRIN:

http://www.grin.com/de/e-book/271155/it-sicherheit-im-bereich-des-smart-metering

GRIN - Your knowledge has value

Der GRIN Verlag publiziert seit 1998 wissenschaftliche Arbeiten von Studenten, Hochschullehrern und anderen Akademikern als eBook und gedrucktes Buch. Die Verlagswebsite www.grin.com ist die ideale Plattform zur Veröffentlichung von Hausarbeiten, Abschlussarbeiten, wissenschaftlichen Aufsätzen, Dissertationen und Fachbüchern.

Besuchen Sie uns im Internet:

http://www.grin.com/

http://www.facebook.com/grincom

http://www.twitter.com/grin_com

IT-Sicherheit im Bereich des Smart Metering

Inhaltsverzeichnis

Abbildungsverzeichnis

Abkürzungsverzeichnis

%	Prozent
§	Paragraph
Abs.	Absatz
AMI	Advanced Metering Infrastructure
AMM	Advanced Metering Management
AMR	Advanced Meter Reading
Art.	Artikel
BSI	Bundesamt für Sicherheit in der Informationstechnik
Bspw.	Beispielsweise
Bzw.	Beziehungsweise
Ca.	Circa
DSL	Digital Subscriber Line
EnWG	Energiewirtschaftsgetz
EU	Europäische Union
GPRS	General Packet Radio Service
GSM	Global System for Mobile Communications
HAN	Home Area Network
IEKP	Integrierte Energie- und Klimaprogramm
IP	Internet Protocol
LAN	Local Area Network
LTE	Long Term Evolution
LMN	Local Meteological Network
MDL	Messdienstleister
MessZV	Messzugangsverordnung
MSB	Messstellenbetreiber
MsysV-E	Messsystemverordnung Entwurf
PLC	Power Line Carrier
SMGW	Smart Meter Gateway
sog.	sogenannten
u.a.	unter Anderem
WAN	Wide Area Network
z.B.	zum Beispiel
Ziff.	Ziffer

1 Einführung

Durch den Einsatz von Smart Metering strebt die europäische Union eine ressourcenschonende und sinkende Energienutzung an. Hierfür wurden auf europäischer Ebene rechtliche Vorgaben erstellt, die alle Mitgliedsstaaten verpflichtet nationale Gesetze zu definieren, um Smart Metering in den jeweiligen Ländern einzuführen. In den ersten EU-Vorgaben, die die Einführung intelligenter Messsysteme forderten gab es hinsichtlich der IT-Sicherheit keine Vorschriften. Die ersten Ansätze zum Datenschutz und zur Datensicherheit in diesem Bereich wurden im Jahr 2011 durch die Novellierung des EnWG gemacht.

Ziel dieser Arbeit ist, die Vorstellung rechtlicher Vorgaben sowie die sich daraus ergebenen technischen Anforderung, um eine sichere Nutzung von Smart Metern zu gewährleisten. Dazu werden in Kapitel 2 die europäischen und nationalen Vorgaben vorgestellt. In Kapitel 3 erfolgt Vorstellung verschiedener Zählerarten sowie Übertragungs- und Kommunikationstechnologien, die im Bereich des Smart Metering genutzt werden. Daraufhin erfolgt in Kapitel 4 ein Einblick in die Schutzprofile sowie Technischen Richtlinien, die Anforderungen an die einzelnen Komponenten eines intelligenten Messsystems stellen. Abschließend erfolgt in Kapitel 5 eine Schlussbetrachtung dieser Arbeit.

2 Rechtliche Vorgaben

Im folgenden Kapitel werden die maßgebenden europäischen und nationalen Richtlinien, die Vorgaben zur Nutzung von intelligentesten Messsystemen betreffen, erläutert. Auf europäischer Ebene sind vor Allem die Energieeffizienzrichtlinien wesentliche Gesetze. Diese werden auf nationaler Ebene durch das Energiewirtschaftsgesetz umgesetzt und bildet damit auf deutscher Ebene, die wichtigste Richtlinie.

2.1 Europäische Vorgaben

Auf europäischer Ebene sind insbesondere drei Richtlinien zur Einführung intelligenter Zähler maßgebend. Zum Einen die EU-Energieeffizienzrichtlinie aus dem Jahr 2006, zum Anderen aus dem Jahr 2012 sowie die EU-Binnenmarktrichtlinie. Auf diese drei Richtlinien wird im folgenden Kapitel näher eingegangen.

2.1.1 EU-Energieeffizienzrichtlinie 2006/32/EG

In der Richtlinie über Endenergieeffizienz und Energiedienstleistungen (EU-Energieeffizienzrichtlinie) sind die rechtlichen Rahmen zur Einführung von Smart Metern in Europa definiert. Eine Vorgabe ist, dass die Mitgliedsstaaten sicherstellen müssen, dass alle Endverbraucher in den Bereichen Strom, Erdgas, Wärme, Kühlung und Warmwasser Zähler erhalten, die den Verbrauch und die Verwendungszeit in einem hohen Detaillierungsgrad darstellen können. Voraussetzung für die Einführung ist allerdings eine technische und ökonomische Machbarkeit der Mitgliedsstaaten.[1]

Gemäß Art. 13 Abs. 2 sollen die Abrechnungen aller Endkunden genaue Informationen über den Verbrauch enthalten, so dass die Energiekosten für die Endkunden daraus ersichtlich sind. Weiterhin sollen die Verbrauchsabrechnungen so häufig erfolgen, dass es den Endkunden möglich ist ihr eigenes Nutzungsverhalten im Energiebereich zu steuern.[2]

2.1.2 EU-Binnenmarktrichtlinie 2009/72/EG

Neben der EU-Energieeffizienzrichtlinie weist auch die EU-Binnenmarktrichtlinie aus 2009 auf die Bedeutung von Smart Metering hin.

In Art. 3 Ziff. 11 ist festgeschrieben, dass die Energieeffizienz in Europa dadurch gefördert werden kann, dass Mitgliedsstaaten auf nationaler Ebene Empfehlungen geben, wie Energie-

---

[1] Vgl. Europäisches Parlament (2006), Art. 13 Abs. 1.
[2] Vgl. Europäisches Parlament (2006), Art. 13 Abs. 2, Satz 2 und 3.

versorgungsunternehmen ihren Stromverbrauch senken können. Diese Empfehlungen sind z.b. die Weiterentwicklung neuer Preismodelle oder die Einführung intelligenter Messsysteme oder Netze.[3]

Wie in der Richtlinie 2006/32/EG festgehalten, findet sich auch in dieser EU-Binnenmarktrichtline die Maßgabe wieder, dass durch die Einführung intelligenter Messsysteme, die Verbraucher ihren Stromverbrauch aktiv steuern sollen. Des Weiteren kann eine Kosten-Nutzen-Analyse auf nationaler Ebene erfolgen, um zu Prüfen welche Art von Messsystemen ökonomisch vertretbar sind. Liegt nach der Analyse, die bis zum 3. September 2012 erfolgen soll, ein positives Ergebnis zur Einführung von Smart Metern vor, so müssen mindestens 80 % der Endkunden bis zum Jahr 2020 mit intelligenten Zählern ausgestattet sein.[4]

2.1.3 EU-Energieeffizienzrichtlinie 2012/72/EU

In 2012 wurde die EU-Energieeffizienzrichtlinie aus 2009 überarbeitet und die rechtlichen Vorgaben bezüglich der Einführung von Smart Metern präzisiert.

Die Mitgliedsstaaten sind verpflichtet bei der Erstellung von Maßnahmen, die zu Energieeffizienzoptimierungen bzw. Energieeffizienzsteigerungen führen, u.a. den verstärkten Einsatz von intelligenten Zählern mit einzubeziehen.[5] Zusammen mit der EU-Binnenmarktrichtlinie 2009 soll weiterhin daran festgehalten werden, dass bei einer positiven Analyse bezüglich der Kosten und des Nutzen von intelligenten Zählern, mindestens 80 % der Endverbraucher im Strombereich bis 2020 solche Messsysteme erhalten.[6]

Erfolgt die Einführung von intelligenten Zählern bei Endkunden, so ist gemäß Art. 9 Abs. 2 sicherzustellen, dass die Verbraucher über die Möglichkeiten dieser Zähler umfassend informiert werden. Des Weiteren muss sichergestellt sein, dass die Endkunden sich auf eine sichere Datenkommunikation und die Wahrung der Privatsphäre vertrauen können.[7] Eine weitere Vorgabe ist, dass es Endkunden ermöglicht werden soll, seine historischen Verbrauchsdaten, über einen leichten Zugriff auf die intelligenten Zähler, einsehen zu können.[8]

Diese Richtlinie präzisiert damit die Einführung intelligenter Zähler bzw. intelligenter Messsysteme und setzt den Datenschutz und die Datenverwendung in den Mittelpunkt.

---

[3] Vgl. Europäisches Parlament (2009), Art. 3 Ziff. 11.
[4] Vgl. Europäisches Parlament (2009), Ziff. 2 Abs. 1 Anhang I.
[5] Vgl. Europäisches Parlament (2009), Nr. 26.
[6] Vgl. Europäisches Parlament (2009), Nr. 27.
[7] Vgl. Europäisches Parlament (2009), Art. 9 Abs. 2.
[8] Vgl. Europäisches Parlament (2009), Art. 10 Abs. 2.

2.2 Nationale Vorgaben

Wie in Kapitel 2.1 aufgezeigt wurde, ist das Smart Metering ein aktuelles Thema in der Europäischen Union. Mit den Richtlinien auf europäischer Ebene sind die Mitgliedsstaaten verpflichtet, diese in nationales Recht umzusetzen. Hier ist insbesondre das Energiewirtschaftsgesetz zu erwähnen. Auf die nationalen Vorgaben in Deutschland wird in diesem Kapitel näher eingegangen.

2.2.1 Energiewirtschaftsgesetz

Das Gesetz über die Elektrizitäts- und Gasversorgung bzw. Energiewirtschaftsgesetz bildet die rechtliche Grundlage für die Versorgung mit leitungsgebundenen Energien wie Elektrizität und Gas.[9]

Eine Liberalisierung des EnWG fand im Jahr 2008, aus den Vorgaben der EU-Energieeffizienzrichtlinie 2006/32/EG, statt. Mit der Neufassung wurde §21 EnWG hinsichtlich der Messeinrichtungen erweitert,[10] und bildet damit wichtige Vorgaben zur Liberalisierung des Messwesens sowie zur Nutzung von Smart Metern.

Eine Erweiterung um zwei wesentliche Vorgaben wurde in §21b Abs. 3 umgesetzt. Nach §21b Abs. 3a müssen Messstellenbetreiber ab dem 1. Januar 2010 „in Gebäuden, die neu an das Energieversorgungsnetz angeschlossen werden oder einer größeren Renovierung…unterzogen werden" Einrichtungen einbauen, die den Nutzern den wirklichen Energieverbrauch und dessen Nutzungsverhalten messen bzw. darlegen. Des Weiteren muss der Messstellenbetreiber, gemäß §21b Abs. 3b, ab dem 1. Januar 2010 den Nutzern des Anschlusses auch in bestehenden Gebäuden, die Möglichkeit von Messeinrichtungen, die den wirklichen Energieverbrauch und dessen Nutzerverhalten wiedergeben, anbieten.[11]

Das EnWG aus dem Jahr 2008 enthielt bereits wichtige Vorgaben zur Einführung von intelligenten Zählern, allerdings noch keine rechtlichen Richtlinien hinsichtlich des Datenschutzes und der Datensicherheit. Mit der Neuregelung in dem Jahr 2011 wurde §21 EnWG ebenfalls dahingehend erweitert.

In §21e EnWG ist geregelt, dass nur Zähler genutzt werden dürfen, die den Vorgaben des Eichrechts genügen. Des Weiteren müssen die Messsysteme bestimmte Ansprüche erfüllen, die den Datenschutz, der Datensicherheit und der Interoperabilität entsprechen und mit einem Zertifikat belegt sind. Gemäß §21e Abs. 3 wird vorgeschrieben, dass die genutzten Messsys-

---

[9] Vgl. BMJ (2005), §1.
[10] Vgl. Graßmann (2009), S. 214.
[11] Vgl. BMJ (2008a), §21b Abs. 3.

4

teme dem aktuellen Stand der Technik genügen müssen. Erfolgt die Kommunikation über Netze die frei zugänglich sind, muss ein Verschlüsselungsverfahren angewendet werden.[12] Die genauen Anforderungen finden sich in dem sog. Schutzprofil und in den Technischen Richtlinien wieder, welche durch das Bundesamt für Sicherheit in der Informationstechnik (BSI) aufgestellt werden.[13] Zähler, die diese Richtlinien nicht erfüllen, dürfen gemäß §21e (5) im Bereich Strom und nach §21f (2) im Bereich Gas nur noch bis zum 31.12.2014 für Messungen verwendet werden.[14]

Zum Datenschutz ist in §21g EnWG festgehalten, dass personenbezogene Daten nur ermittelt und genutzt werden dürfen, wenn diese für den Energieversorger notwendig sind, um z.b. die Abrechnung zu erstellen oder den Zustandes des Netzes zu ermitteln. Weitere Notwendigkeiten werden in §21g Abs. 1 Nr. 1 bis 8 aufgeführt. Die Daten dürfen allerdings nur verwendet werden, wenn der Empfänger eine Berechtigung zur Nutzung besitzt.[15]

Ein weiterer neuer Paragraph ist §21h. In diesem finden sich Richtlinien bezüglich den Informationspflichten des Messstellenbetreibers wieder. Dieser muss auf Anfrage des Anschlussnutzers Einblick in die gespeicherten Daten geben bzw. die Daten kostenfrei zur Verfügung stellen, damit diese weiter genutzt werden können.[16]

Mit der Neufassung des EnWG im Jahr 2011 wurden Rahmenbedingungen geschaffen, die den Datenschutz sowie die Datensicherheit von Smart Metern betreffen und zu weiteren Vorgaben in Deutschland führen.

2.2.2 Messsystemverordnung

Die Messsystemverordnung (MsysV-E) wurde durch das Bundesministerium für Wirtschaft und Technologie erstellt und existiert bisher nur als Entwurf vom 13.03.2013. Diese beinhaltet technische Vorgaben für die Nutzung intelligenter Messsysteme.[17] Die ursprünglichen Rahmen hierfür stammen aus den in §21i EnWG beschriebenen Vorgaben zur Erstellung von Schutzprofilen und Technischen Richtlinien.

Im Detail beinhaltet die MsysV-E neben den Mindestanforderungen an intelligenten Messsystemen auch detaillierte Anforderungen an Smart Meter Gateways (SMGW).[18] Eine Erläuterung zu SMGW erfolgt in Kapitel 3 dieser Arbeit.

---

[12] Vgl. BMJ (2005), §21e.
[13] Vgl. BMJ (2005), §21i (2) Nr. 10.
[14] Vgl. BMJ (2005), §21e (5) und §21f (2).
[15] Vgl. BMJ (2005), §21g.
[16] Vgl. BMJ (2005), §21h.
[17] Vgl. BMWT (2013).
[18] Vgl. BMWT (2013), §3 und §4.

Gemäß §3 MsysV-E müssen intelligente Messsysteme zum Einen die zuverlässige Nutzung, Speicherung sowie Löschung von Messdaten sicherstellen, zum Anderen eine Visualisierung der Messwerte und Messverläufe umsetzen. Des Weiteren müssen intelligente Messsysteme „sichere Verbindungen in Kommunikationsnetzen durchsetzen",[19] und ein SMGW besitzen, welches in der Verwendung erweiterbar ist.[20]

Mit den Vorgaben in der MsysV-E auf das Schutzprofil und die Technischen Richtlinien, gewinnen die Anforderungen zum Datenschutz und zur Datensicherheit bei intelligenten Messsystemen einen hohen Stellenwert. Das Schutzprofil und die Technischen Richtlinien des BSI werden im Folgenden kurz vorgestellt. Eine detaillierte Beschreibung der einzelnen Vorgaben ist auf Grund der hohen Anzahl hier nicht möglich.

2.2.3 Schutzprofil und Technische Richtlinien

Das Schutzprofil sowie die Technischen Richtlinien, wurden in dem EnWG aus dem Jahr 2011 fest verankert und somit verbindlich für alle Marktteilnehmer in Deutschland. Die Erstellung erfolgte im Jahr 2013 durch das BSI, wobei das Schutzprofil die Mindestanforderungen an den Datenschutz und die Datensicherheit von SMGW beinhaltet. SMGW müssen diese Mindestanforderungen erfüllen, um ein Zertifikat zu erhalten. Mit diesem Zertifikat wird nachgewiesen, dass der geprüfte SMGW alle Schutzziele in dem Schutzprofil erfüllt.[21] Neben dem Schutzprofil für das SMGW wurde durch das BSI ein Schutzprofil für das Sicherheitsmodul innerhalb eines SMGW aufgestellt.[22]

Die Technischen Richtlinien beinhalten Mindestanforderungen an die in einem SMGW vorhandenen Bestandteile und gewährleisten bei Erfüllung die Interoperabilität sowie die technischen Umsetzung des Schutzprofils. Bei der Entwicklung der Technischen Richtlinie haben sich Verbände aus verschiedenen Branchen, wie z.B. der Telekommunikation, Energie und Informationstechnik, beteiligt. Insgesamt besteht diese Richtlinie aus fünf Teilen, die die verschiedenen Bereiche eines SMGW abdecken.[23]

---

[19] Vgl. BMWT (2013), §3 Nr. 3.
[20] Vgl. BMWT (2013), §3 Nr. 4.
[21] Vgl. BSI (2014b).
[22] Vgl. BSI (2014c).
[23] Vgl. BSI (2014a).

3 Zählerarten, Übertragungs- und Kommunikationstechnologien

Im vorherigen Kapitel wurden die rechtlichen Vorgaben in Hinblick auf die IT-Sicherheit von intelligenten Messsystemen auf europäischer und nationaler Ebene vorgestellt. In diesem Kapitel sollen nun die verschiedenen Komponenten im Bereich des Smart Metering dargestellt werden. Dazu werden zu Beginn in Kapitel 3.1 verschiedene Arten von Zähl- und Messsystemen aufgezeigt. Hier findet sich die Definition eines Smart Meter bzw. eines SMGW wieder. Weiterhin erfolgt in Kapitel 3.2 ein Einblick in die unterschiedlichen Kommunikationsnetze in denen das SMGW agiert. Anschließend werden in Kapitel 3.3 die in Deutschland wichtigsten Kommunikationstechnologien vorgestellt, mit denen ein SMGW kommunizieren kann.

3.1 Zähl- und Messsysteme

Wie bereits in dem vorangegangenen Kapitel erwähnt, finden Smart Meter Anwendung in den Bereichen Strom, Gas, Wasser oder Wärme. In den letzten Jahren haben sich Zähler im Messwesen weiterentwickelt. Insgesamt können zwischen drei verschiedenen Arten von Zählern unterschieden werden.

3.1.1 Elektro-mechanische Zähler

Der Elektro-mechanische Zähler wird nach seinem Erfinder Galileo Ferraris auch Ferraris-Zähler genannt.[24] Diese Art von Zählern findet sich in Haushalten noch am Häufigsten und besteht aus einem analogen Zähler.[25] Mit Ferraris-Zählern erfolgt die Messung des gesamten Verbrauchs einer festgelegten Periode, z.B. eines Jahres. Das Verbrauchsverhalten des Haushaltes wird mit solchen Zählern nicht ermittelt.[26]

3.1.2 Elektronische Zähler

Elektronische Zähler wurden in den letzten Jahren eingeführt und entsprechen den rechtlichen Vorgaben aus dem Jahr 2010. Die Ablesung der Verbrauchswerte erfolgt nicht analog, sondern digital über ein Display und kann sowohl manuell als auch per Fernauslesung durchgeführt werden. Eine weitere Eigenschaft ist, dass die Verbrauchswerte gespeichert werden und dadurch auch vergangene Zeiträume ausgelesen werden können.[27]

---

[24] Vgl. Wulf (2009), S. 35.
[25] Vgl. Stadtwerke Münster (2011), S.2.
[26] Vgl. Franz (2006), S. 100.
[27] Vgl. Stadtwerke Münster (2011), S.2.

3.1.3 Smart Metering bzw. Smart Meter Gateway

Der Begriff „Smart Metering" ist englischsprachig und bedeutet „intelligentes Messen".[28] Das englische Wort „Meter" bedeutet dabei übersetzt „Zähler" und beschreibt Geräte oder Systeme, mit denen Strom, Gas oder Wärme gemessen werden können. Diese Geräte bestehen aus einem Zähler sowie aus weiteren Apparaturen und Bestandteilen für die Software.[29] Das Besondere an diesen Zählern ist, daher spricht man auch von „Smart", dass die gemessen Daten versendet werden können. Es können aber auch Daten empfangen und verarbeitet werden.[30] Bindet man Smart Meter in ein Kommunikationssystem ein, so spricht man von einem SMGW. Dieses ist eine Einheit, die mindestens einen Zähler sowie anderen technische Anlagen in ein Kommunikationsnetz einbindet.[31] Über SMGW erfolgt die Kommunikation zwischen Haushalten und externen Empfängern, die dazu allerdings berechtigt sein müssen.[32] Neben der Kommunikation als zentrale Einheit, dient ein SMGW auch als Speicher von Daten sowie als Firewall. Innerhalb des SMGW befindet sich dazu ein Sicherheitsmodul, welches z.b. auf einer Chipkarte installiert ist und verschiedene Verschlüsselungsberechnungen durchführen kann. Aufgaben wie z.b. das Konfigurieren und die Überwachung des Gateways wird durch einen SMGW Administrator durchgeführt. Ein Unterschied zu Smart Metern ist, dass ein SMGW in einem Wide Area Network kommunizieren kann. Dies ist das zentrale Element eines intelligenten Messsystems.[33]

Neben dem Wide Area Network unterscheidet das BSI noch zwei weitere Kommunikationsnetze, das Local Meteological Network und das Home Area Network. Diese werden in dem folgenden Kapitel näher erläutert.

3.2 Kommunikationsnetze

In diesem Kapitel werden die drei Kommunikationsnetze Home Area Network, Local Metrological Network und Wide Area Network skizziert. Die Datenkommunikation der drei Netze erfolgt nur über das SMGW. Einen direkten Austausch zwischen den Netzen, z.B. vom LMN zum HAN, darf nach Vorgabe des BSI Schutzprofils nicht erfolgen.[34]

---

[28] Vgl. Wulf (2009), S. 34.
[29] Vgl. Wulf (2009), S. 18.
[30] Vgl. Wulf (2009), S. 34.
[31] Vgl. BMWT (2013), §2 Nr. 5.
[32] Vgl. DSB (2012), S. 6.
[33] Vgl. EYG (2013), S. 29-30.
[34] Vgl. EYG (2013), S.30.

3.2.1 Home Area Network

Das Home Area Network (HAN) bzw. übersetzt „Heimnetzwerk", sind lokale Vernetzungen von verschiedenen Geräten und es kann zu Energiemanagementzwecken im Haus genutzt werden.[35] Das HAN kommuniziert mit dem SMGW über zwei verschiedene Schnittstellen. Zum Einen über eine Schnittstelle mit der die Energieverbraucher oder Energieerzeuger, wie bspw. Kühlschränke oder auch Photovoltaikanlagen, bedient werden können. Zum Anderen existiert eine Schnittstelle über die die Letztverbraucher ihre Verbrauchsdaten oder andere Informationen abrufen können. Dies erfolgt z.b. über ein Display.[36] Die Datenübertragung innerhalb eines HAN kann drahtgebunden oder drahtlos erfolgen.[37] Auf die drahtlosen und drahtgebundenen Übertragungstechnologien wird in Kapitel 3.3 näher eingegangen.

3.2.2 Local Metrological Network

Das Local Metrological Network (LMN) kann übersetz werden mit „Lokales Messeinrichtungsnetz". In diesem Netz sind Zähler von Letztverbrauchern, die sich vor Ort befinden, mit dem SMGW verbunden.[38] Dabei können mehrere Letztverbraucher sowie mehrere Zähler auch aus verschiedenen Bereichen, wie z.b. Gas oder Wasser, sich in einem LMN befinden.[39] Die Datenübertragung der Zähler erfolgt dabei über das LMN an das SMGW.[40] Die wesentliche Funktion eines SMGW in einem LMN ist die Datenermittlung, -verarbeitung und -speicherung. Dabei handelt es sich um Mess- oder Verbrauchsdaten der Letztverbraucher.[41]

3.2.3 Wide Area Network

Das Wide Area Network (WAN) bzw. übersetzt „Weitverkehrsnetz" bezeichnet die Übertragung von Daten über weite Entfernungen.[42] Die Kommunikation in einem WAN erfolgt zwischen einem SMGW und externen Empfängern.[43] Zu den externen Empfängern gehören z.b. Messstellenbetreiber, SMGW-Administratoren und Messdienstleister.[44] Die externe Kommunikation kann dabei über verschiedene Übertragungstechnologien, wie z.b. über Digital Subscriber Line oder Power Line Carrier. Diese werden im folgenden Kapitel vorgestellt.

---

[35] Vgl. BSI (2013a), S. 8.
[36] Vgl. EYG (2013), S.30.
[37] Vgl. ITWissen (2014a).
[38] Vgl. Security Finder (2014).
[39] Vgl. EYG (2013), S.30.
[40] Vgl. BSI (2013b), S.14.
[41] Vgl. EYG (2013), S.30.
[42] Vgl. ITWissen (2014b).
[43] Vgl. BSI (2013b), S. 14.
[44] Vgl. EYG (2013), S.30.

In der folgenden Grafik sind die drei Kommunikationsnetze sowie das zentral liegende SMGW dargestellt.

Abbildung 1: Darstellung eines Smart Meter Gateway

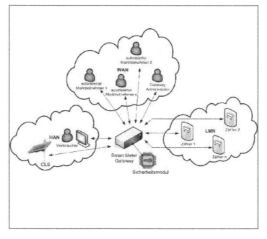

Quelle: Entnommen aus: BSI (2013b), S. 14.[45]

3.3 Übertragungstechnologien

Die Übertragung von Verbrauchsdaten erfolgt, wie bereits erwähnt, in elektronischer Form. Es existieren viele verschiedene kabelgebundene und drahtlose Technologien auf die hier nicht vereinzelt eingegangen werden kann. Am Häufigsten finden sich in der Literatur drei verschiedene Technologien, die für die Kommunikation zwischen Letztverbrauchern und Messeinrichtungen genutzt werde können.

Die am Häufigsten genutzte Technologie bei Haushaltskunden ist die Übertragung per Digital Subscriber Line. Die Nutzung von Global System for Mobile Communications und General Packet Radio Service sowie Power Line Carrier erfolgt nicht so häufig. Bei Gewerbe- und Industriekunden werden die Daten hingen zum größten Teil über Global System for Mobile Communications und General Packet Radio Service übertragen.[46]

---

[45] Vgl. BSI (2013b), S. 14.
[46] Vgl. DENA (2014a).

3.3.1 Digital Subscriber Line

Beim Digital Subscriber Line (DSL) handelt es sich um eine Technologie, bei der Daten in digitaler Form über das Telefonnetz übertragen werden. Eine Besonderheit bei DSL ist die hohe Datenrate während der Übertragung sowie eine hohe Verbreitung bei Haushaltskunden.[47] Weiterhin erfolgt die Datenübertragung in Echtzeit und mit einer Verschlüsselung. Das DSL bietet damit eine sichere Übertragung zwischen SMGW und externen Empfängern. Durch die weite Verbreitung des DSL wird diese Technologie in naher Zukunft weiterhin einen Schwerpunkt im Markt haben. In Zukunft werden jedoch andere Technologien, die über höhere Datenraten verfügen, wie z.b. das Glasfaser, mit dem DSL konkurrieren.[48]

3.3.2 Power Line Carrier

Bei der Power Line Carrier (PLC) handelt es sich um eine Übertragungstechnologie, die das bestehende Stromkabelnetz nutzt. Da die Frequenz im Stromkabelnetz niedrig ist, wird das Signal über längere Kabellängen immer schwächer und verschwindet nach ein paar Hundert Metern.[49] Die Datenübertragung erfolgt ebenso wie beim DSL verschlüsselt und bietet daher eine sichere Kommunikation, allerdings ist eine Übertragung in Echtzeit auf Grund der niedrigen Frequenz kaum möglich. Es bestehen auf dem Informationsmarkt noch Potenziale für das PLC. Daher ist PLC als Technologie für ein SMGW nicht auszuschließen, trotz der Schwierigkeiten bei der Echtzeitübertragung.[50]

3.3.3 Global System for Mobile Communications/General Packet Radio Service

Global System for Mobile Communications (GSM) und General Packet Radio Service (GPRS) gehören zu den drahtlosen Technologien, die das Mobilfunknetz nutzen. Im Gegensatz zu GPRS-Verbindungen, die auf verschlüsselte Übertragungen per Internet Protocol (IP) basieren, handelt es sich bei GSM um Verbindungen zwischen zwei Punkten.[51] Durch die IP-fähige Kommunikation bei GPRS ist eine sichere Kommunikation möglich. Allerdings erreichen beide Technologien keine hohen Übertragungsraten, da die Datenübermittlung in einzelnen Paketen erfolgt. Des Weiteren hängt deren Verfügbarkeit von der Netzabdeckung des Mobilfunknetzes sowie von der Empfangsstärke in z.B. Gebäuden ab. Durch die Einrichtung von Empfangsverstärkern kann eine Verbesserung der Netzabdeckung jedoch erzielt werden.

---

[47] Vgl. Schroder (2011).
[48] Vgl. EYG (2013), S. 46-47.
[49] Vgl. Rebbelmund (2010), S. 78.
[50] Vgl. EYG (2013), S. 49.
[51] Vgl. Knott (2010), S. 100.

Drahtlose Übertragungstechnologien haben zu den Kabelgebundenen den Nachteil, dass die Empfangsqualität, neben der Netzabdeckung, auch von physischen Gegebenheiten, wie bspw. durch den Wind, abhängt. So kann es sein, dass der Empfang während der Kommunikation in einem WAN abricht. Mittelfristig wird GPRS weiterhin weit verbreitet sein, allerdings gibt es bereits neuere Technologien, wie die Long Termin Evolutions (LTE) Technik, welches mit einer höhere Datenrate übermitteln kann und in Zukunft dadurch GPRS ablösen wird.[52]

---

4 Anforderungen zum Datenschutz und zur Datensicherheit

Nachdem in Kapitel 3 die verschiedenen Zählerarten und Technologien zur Datenübertragung und –kommunikation betrachtet wurden, erfolgt in diesem Kapitel eine Beschreibung der Schutzprofile und Technischen Richtlinien hinsichtlich dem Datenschutz sowie der Datensicherheit. Dazu werden in Kapitel 4.1 auf die Anforderungen an ein SMGW eingegangen. Anschließend werden in Kapitel 4.2 die Anforderungen an die Kommunikationsnetze erläutert. Auf Grund der Technisch sehr detaillierten Richtlinien und dessen Umfang, können hier nur auf die wichtigsten Vorgaben eingegangen werden.

4.1 Anforderungen an das SMGW

Wie bereits erwähnt muss ein SMGW gemäß des BSI Schutzprofils und Technischen Richtlinien verschiedene Anforderungen gewährleisten. Diese Anforderungen können in drei Gruppen untergliedert werden. Diese sind Datenschutz und Datensicherheit, Datenverarbeitung sowie weitere Funktionen.

4.1.1 Datenschutz und Datensicherheit

Da jegliche Kommunikation eines SMGW innerhalb der drei Netze und nach Außen läuft, bilden Datenschutz und Datensicherheit wichtige Elemente. Eine Anforderung ist, dass die drei Netze voneinander physisch zu trennen sind. Des Weiteren müssen die Verbrauchsinformationen sowie dessen Datenwege für den Letztverbraucher jederzeit verständlich sein. Auf der anderen Seite darf es keine Möglichkeit geben, dass Nicht-Letztverbraucher die Daten einsehen können. Eine weitere Anforderung ist die Anonymisierung von Daten, die den Letztverbraucher betreffen.

Zur Gewährleistung der Datensicherheit im Falle eines externen Angriffs auf das SMGW, müssen alle Daten verschlüsselt sein. Dies erfolgt in einem sog. Sicherheitsmoduls, welches in jedem SMGW verbaut sein muss.[53] Für das Sicherheitsmodul existiert ein eigenes Schutzprofil (TR-03109), in welchem das BSI Vorgaben zur Verschlüsselung zur Datenkommunikationen definiert hat.[54] Aufgaben des Sicherheitsmoduls sind die Erstellung und Überprüfung von Signaturen, die Erstellung von Schlüsseln und Zufallszahlen sowie der sichere Aufbau

---

[53] Vgl. EYG (2013), S. 39.
[54] Vgl. BSI (2014a).

von Übertragungsverbindungen zu internen Zählern im LMN oder externen Empfängern im WAN.[55]

Insgesamt erfüllt das SMGW Aufgaben einer Firewall und erfüllt damit die Anforderung hinsichtlich Datenschutz und -Sicherheit für Letztverbraucher.[56]

4.1.2 Datenverarbeitung

Die BSI-Richtlinie TR-03109-1 empfiehlt hinsichtlich der Datenverarbeitung ein Intervall von 15 Minuten, in dem die angeschlossenen Zähler einen Messwert an das SMGW übermitteln.[57] Das SMGW entschlüsselt die Messdaten, prüft diese auf Korrektheit und versieht diese dann mit einem Zeitstempel. Die Speicherung der Messwerte erfolgt in einer Liste. Aus dieser Liste kann das SMGW bestimmte Werte an externe Empfänger, die für den Empfang berechtigt sind, versenden. Der Versand erfolgt mit Hilfe eines Regelwerks, welches aus der Werteliste bestimmte Werte ableitet.[58]

4.1.3 Weitere Funktionen

Neben dem Datenschutz und der Datenverarbeitung muss ein SMGW Mandantenfähig sein. Dies bedeutet, dass ein SMGW Messwerte von mehreren Letztverbrauchern und damit von mehreren Zählern gleichzeitig verarbeiten können muss. Zusätzlich muss für die Erstellung von Zeitstempeln und weiter Funktionen die aktuelle Uhrzeit vorhalten. Dazu synchronisiert das SMGW die Uhrzeit regelmäßig mit einer zuverlässigen externen Quelle.

Alle Aktionen, die ein SMGW durchführt, werden in diesem gespeichert und damit protokolliert. Zum Einen werden Ereignisse des Systems, wie z.B. Fehlermeldungen oder Ausfälle, in einem System-Log gespeichert. Zum Anderen erfolgt die Aufzeichnung von sämtlichen Aktionen, die den Letztverbraucher, wie z.B. den Datenversand von Messwerten, betreffen. Letztverbraucher haben die Möglichkeit durch das Letztverbraucher-Log nachzuvollziehen, ob Daten verändert, versendet oder hinzugefügt wurden. Eine weitere Protokollierung in dem SMGW erfolgt für alle eichtechnischen Ereignisse. In diesem Log werden z.B. gescheiterte Synchronisierungen der Uhrzeit gespeichert.[59]

---

[55] Vgl. EYG (2013), S. 39
[56] Vgl. BSI (2013b), S. 15.
[57] Vgl. EYG (2013), S. 40.
[58] Vgl. BSI (2013b), S. 15.
[59] Vgl. BSI (2013b), S. 18.

4.2 Anforderungen an die Kommunikationsnetze

Neben den Anforderungen an das SMGW finden sich in den Technischen Richtlinien ebenfalls Vorgaben zum Einsatz, der in Kapitel 3.2 vorgestellten, Kommunikationsnetze. Nur durch Einhaltung dieser Anforderungen können der Datenschutz und die Datensicherheit eines SMGW gewährleistet sein.

4.2.1 Anforderungen Local Meteological Network

Wie bereits beschrieben, befinden sich in einem LMN Zähler, die mit dem SMGW kommunizieren. Damit jeder Zähler einem Letztverbraucher zugeordnet werden kann, muss dieser vor Inbetriebnahme des SMGW eine Registrierung und Konfiguration durchlaufen. Durch die Registrierung kann sich der Zähler bei Kommunikation bei dem SMGW identifizieren. Hierzu nutzt der Zähler sog. LMN-Zertifikate, die Versendet und vom SMGW verarbeitet werden können.

Eine weitere Anforderung aus der Technischen Richtlinie ist, dass bei der Datenübertragung sichere Übertragungstechnologien verwendet werden, die Verschlüsselungsprotokolle nutzen, wie bspw. über DSL.

Für die Zähler ergeben sich aus der Richtlinie nur indirekte Anforderungen, die für eine Kommunikation im LMN und zum SMGW erfüllt sein müssen. Der Zähler darf nur über das Gateway Daten versenden und empfangen. Die vom Zähler versendeten Daten müssen dabei verschlüsselt sein, um die Datensicherheit bzw. den Datenschutz der Übertragung zur gewährleisten.[60]

4.2.2 Anforderungen Home Area Network

Bezüglich der Anforderungen an ein HAN finden sich in der Technischen Richtlinie drei Schnittstellen, die durch das SMGW zur Verfügung gestellt werden. Über die erste Schnittstelle können steuerbare Geräte, wie z.B. Haushaltsgeräte oder Klimaanalgen, eine sichere Übertragung mit berechtigten Empfängern über das WAN durchführen. Die verschlüsselten Verbindungen werden durch das SMGW zur Verfügung gestellt.

Die zweite Schnittstelle ermöglicht den Letztverbrauchern, nach einer erfolgreichen Authentifizierung, Informationen aufzurufen. Die Informationen können allerdings nur gelesen und nicht verändert werden. Das Auslesen der Informationen, z.B. der Letztverbraucher-Logs, kann über einen lokalen Rechner oder andere steuerbare Geräte erfolgen. Die dritte Schnitt-

---

[60] Vgl. EYG (2013), S. 42.

stelle ist die für den Service Techniker, um z.B. für die Diagnose von Fehlern, die System-Logs auszulesen.[61]

4.2.3 Anforderungen Wide Area Network

Wie bereits beschrieben erfolgt die Kommunikation von einem SMGW an externe Empfänger über das WAN. Damit kein externer Zugriff auf ein SMGW erfolgt, ist dies aus Sicherheitsgründen nicht möglich. Nur ein berechtigter Administrator kann auf den Gateway zugreifen. Hierzu stellt das Gateway einen sog. „Wake-Up Service" bereit. Der Administrator sendet dazu an das Gateway eine signierte Übertragung. Nach Erfolgreicher Überprüfung der Signierung wird eine Verbindung zwischen SMGW und Administrator aufgebaut, über die dann weitere Aktionen ausgeführt werden können.

Eine weitere Anforderung an das WAN ist die Updatefähigkeit. Es muss gewährleistet sein, dass die genutzte Software im Gateway aktualisiert werden kann, um z.B. die Firmware updaten oder neue Zählerprofile aufspielen zu können. Wichtig ist hierbei, dass es bei einem Firmware-Update nicht zu einer Veränderung oder Löschung der Applikationsdaten des SMGW kommt.[62]

---

[61] Vgl. BSI (2013b), S. 17.
[62] Vgl. BSI (2013b), S. 16-17.

5 Schlussbetrachtung

Das Thema Smart Metering rückt in Deutschland durch die europäischen Vorgaben und der daraus ergebenen nationalen Umsetzungen immer weiter in den Mittelpunkt des Messwesens. Zu Beginn dieser Arbeit wurden die maßgebenden rechtlichen Vorgaben auf europäischer und nationaler Ebene vorgestellt. Die Einführung von Smart Metern wurde bereits im Jahr 2006 durch das EnWG in Deutschland angetrieben, allerdings existierten zum Datenschutz und zur Datensicherheit keine Vorgaben. Diese Thematik wurde einige Jahre später, mit dem EnWG 2011, aufgegriffen und so bestehen seit 2011 erste gesetzliche Vorgaben, die ein intelligentes Messsystem erfüllen muss.

Aus den gesetzlichen Vorgaben wurden durch das BSI technische Anforderungen formuliert, die Standards schaffen und alle Komponenten eines SMGW betreffen. Wichtige Elemente sind, wie in Kapitel 3 aufgezeigt wurden, die Vermeidung eines externen Zugriffs auf ein SMGW sowie die Verschlüsselung aller Daten und dessen Übertragung. Des Weiteren ist es von Bedeutung, dass die drei Kommunikationsnetze ebenfalls den BSI-Anforderungen genügen, um das gesamte Messsystem zu schützen. So sollten nur Übertragungstechnologien verwendet werden, die über eine Verschlüsselung verfügen. Ein weiterer wichtiger Schutz bietet die Wake-Up Funktion im WAN.

Insgesamt bieten die Schutzprofile und Technischen Richtlinien wichtige Vorgaben zum Datenschutz und zur Datensicherheit von SMGW, für die es vorher keine standardisierten Anforderungen existierten. Da diese Richtlinien jedoch erst seit ca. einem Jahr bestehen, ist eine Bewertung dieser zu dem jetzigen Zeitpunkt noch nicht möglich.

Literaturverzeichnis

BSI (Bundesamt für Sicherheit in der Informationstechnik) (2013a): Protection Profile for the Security Module of a Smart Meter Gateway, https://www.bsi.bund.de/SharedDocs/Downloads/DE/BSI/SmartMeter/PP_Security_%20Module.pdf?__blob=publicationFile, (03.01.2014).

BSI (Bundesamt für Sicherheit in der Informationstechnik) (2013b): Technische Richtlinie BSI TR-03109-1, https://www.bsi.bund.de/SharedDocs/Downloads/DE/BSI/Publikationen/TechnischeRichtlinien/TR03109/TR03109-1.pdf;jsessionid=66281291028B4D07293BBFE2F983C019.2_cid368?__blob=publicationFile, (03.01.2014).

BSI (Bundesamt für Sicherheit in der Informationstechnik) (2014a): Technische Richtlinie BSI TR-03109, https://www.bsi.bund.de/DE/Themen/SmartMeter/TechnRichtlinie/TR_node.html, (04.01.2014).

BSI (Bundesamt für Sicherheit in der Informationstechnik) (2014b): Schutzprofil für ein Smart Meter Gateway (BSI-CC-PP-0073), https://www.bsi.bund.de/DE/Themen/SmartMeter/Schutzprofil_Gateway/schutzprofil_smart_meter_gateway_node.html, (03.01.2014).

BSI (Bundesamt für Sicherheit in der Informationstechnik) (2014b): Schutzprofil für das Sicherheitsmodul eines Smart Meter Gateways (BSI-CC-PP-0077), https://www.bsi.bund.de/DE/Themen/SmartMeter/Schutzprofil_Security/security_module_node.html, (03.01.2014).

BMJ (Bundesministerium der Justiz) (2005): Gesetz über die Elektrizitäts- und Gasversorgung, http://www.gesetze-im-internet.de/bundesrecht/enwg_2005/gesamt.pdf, (03.01.2014).

BMJ (Bundesministerium der Justiz) (2008a): Gesetz über die Elektrizitäts- und Gasversorgung, http://www.evgreiz.de/PDF/ENWG.pdf, (03.01.2014).

BMJ (Bundesministerium der Justiz) (2008b): Verordnung über Rahmenbedingungen für den Messstellenbetrieb und die Messung im Bereich der leitungsgebundenen Elektrizitäts- und Gasversorgung (Messzugangsverordnung - MessZV), http://www.gesetze-im-internet.de/bundesrecht/messzv/gesamt.pdf, (03.01.2014).

BMW (Bundesministerium der Wirtschaft und Technologie) (2013): Verordnung über technische Mindestanforderungen an den Einsatz intelligenter Messsysteme, http://www.derenergieblog.de/wp-content/uploads/2013/05/BMWi-Entwurf-MsysV.pdf, (04.01.2014).

DSB (Konferenz der Datenschutzbeauftragten des Bundes und der Länder und Düsseldorfer Kreis) (2012): Orientierungshilfe datenschutzgerechtes Smart Metering, http://www.bfdi.bund.de/SharedDocs/Publikationen/Entschliessungssammlung/DSBundLaender/Orientierungshilfe_SmartMeter.pdf?__blob=publicationFile, (03.01.2014).

DENA (Deutsche Energie-Agentur) (2014a): Einsatz von Smart Metering in Deutschland, http://www.effiziente-energiesysteme.de/themen/smartmeter/marktentwicklungsmartmeter.html, (04.01.2014).

DENA (Deutsche Energie-Agentur) (2014b): Rechtliche Rahmenbedingungen für den Einsatz von Smart Metern in Deutschland, http://www.effiziente-energiesysteme.de/themen/smartmeter/rechtliche-rahmenbedingungen-fuer-den-einsatz-von-stromzaehlern-in-deutschland.html, (02.01.2014).

Domschke, Werner (2011): Realisierung der gesetzlichen Vorgaben für „Smart Gas Meter", in: Wernekinck, Ulrich und Burger, Norbert (Hrsg.): Smart Metering 2.0, München.

Europäisches Parlament (2006): Endenergieeffizienz und Energiedienstleistungen 2006/32/EG, Brüssel, http://eur-lex.europa.eu/LexUriServ/LexUriServ.do?uri=OJ:L:2006:114:0064:0064:DE:PDF, (22.12.2013).

Europäisches Parlament (2009): Gemeinsame Vortschriften für den Elektrizitätsbinnen-markt 2009/72/EG, Brüssel, http://eur-lex.europa.eu/LexUriServ/LexUriServ.do?uri=OJ:L:2009:211:0055:0093:DE:PDF, (02.01.2014).

Europäisches Parlament (2012): Zur Energieeffizienz, zur Änderung der Richtlinie 2009/125/EG und 2010/30/EU und zur Aufhebung der Richtlinie 2004/8/EG und 2006/32/EG, 2012/27/EU, Brüssel, http://eur-lex.europa.eu/LexUriServ/LexUriServ.do?uri=OJ:L:2012:315:0001:0056:DE:PDF, (28.12.2013).

EYG (Ernst & Young GmbH) (2013): Kosten-Nutzen-Analyse für einen flächendeckenden Einsatz intelligenter Zähler, http://www.bmwi.de/BMWi/Redaktion/PDF/Publikationen/Studien/kosten-nutzen-analyse-fuer-flaechendeckenden-einsatz-intelligenterzaehler,property=pdf,bereich=bmwi2012,sprache=de,rwb=true.pdf, (06.01.2014).

Franz, Oliver u.v.m (2006): Potenziale der Informations- und Kommunikations-Technologien zur Optimierung der Energieversorgung und des Energie-verbrauchs (eEnergy), http://www.e-energy.de/documents/Studie_Potenziale_Langfassung.pdf, Bad-Honnef, (04.01.2014).

Graßmann, Nils (2009): Die Rechtsgrundlagen für Smart Metering und die Liberalisierung des Messwesens, in: Köhler-Schute, Christiana (Hrsg.): Smart Metering, Berlin.

ITWissen (Das große Online-Lexikon für Informationstechnologie) (2014a): HAN (Home Area Network), http://www.itwissen.info/definition/lexikon/home-network-Heimnetz-HN.html, (04.01.2014).

ITWissen (Das große Online-Lexikon für Informationstechnologie) (2014a): WAN (Wide Area Network), http://www.itwissen.info/definition/lexikon/wide-area-network-WAN-Weitverkehrsnetz.html, (04.01.2014).

Knott, Paul (2010): Anforderungen an Zählerdatenerfassungssysteme, in: Köhler-Schute, Christiana (Hrsg.): Smart Metering, 2. Auflage, Berlin.

Rebbelmund, Stephan und Rübsam, Ralf (2010): Smart Metering: Wichtige Katalysatoren für den Umbau des weltweiten Energiemarktes, in: Köhler-Schute, Christiana (Hrsg.): Smart Metering, 2. Auflage, Berlin.

Schroder, D. (2011): Digital Subscriber Line in: Sjurts, I.: Gabler Wirtschaftslexikon Medienwirtschaft, http://wirtschaftslexikon.gabler.de/Definition/dsl.html, (05.01.2014).

Security Finder (2014): Local Meteorological Network, http://www.security-finder.ch/security-solutions/glossar/l/local-meteorological-network.html#c73, (06.01.2014).

Stadtwerke Münster (2011): Faktenblatt: Smart Meter, https://www.stadtwerke-muenster.de/fileadmin/presse/fakten/dateien/Factsheet_Smart-Meter.pdf, (04.01.2014).

Wulf, Sabrina (2009): Smart Metering und die Liberalisierung des Messwesens, 1. Auflage, Baden-Baden.